SCHILLO
VERLAG

Anne Goldhammer-Michl

Schnelle REZEPTE fürs Home-Office

glutenfrei
&
ohne Zucker

Inhalt

Über mich

Hallo, ich bin Anne.

Seit einigen Jahren darf ich mich jeden Tag (beruflich) mit Ernährung und Kochen beschäftigen. Als leidenschaftliche Esserin hätte es mich definitiv schlechter treffen können. Obwohl ich nach der Schule Köchin gelernt hatte, habe ich erst eine andere berufliche Richtung eingeschlagen. Durch eine chronische Migräne fand ich zur Ernährung zurück. Seitdem weiß ich, welch großen Einfluss unser tägliches Essen auf unsere Gesundheit und unser Wohlbefinden hat. Und nein, „gesunde" Ernährung muss nicht langweilig sein. Es gibt tolle Rezepte, die schnell gehen, uns satt und zufrieden machen - uns einfach guttun.

Für alle diejenigen, die Inspirationen beim täglichen „Was-soll-ich-bloß-Kochen" im Home-Office gut gebrauchen können, habe ich hier Rezepte, die fix gehen, reichlich Nährstoffe enthalten, uns satt machen und (hoffentlich) schmecken.

Es sind ein paar interessante Kombinationen dabei, probiert sie einfach mal aus.

Guten Appetit!

KAPITEL 01

Schnell kochen – gut essen!

01

Schnell kochen – gut essen!

Vor einiger Zeit wurden unsere Lebens- und Arbeitsbedingungen gehörig durcheinandergewirbelt. Viele von uns arbeiten im Home-Office, managen die Kinder und schmeißen den Haushalt.

Aber auch, wenn keine (kleinen) Kinder zu versorgen sind, stehen die meisten jeden Tag vor den gleichen Herausforderungen. Wir müssen uns nun nicht mehr nur darum kümmern, was es zum Frühstück gibt und was zum Abendessen auf den Tisch kommt, sondern wir sind nun auch für unser Mittagessen verantwortlich. In einer Stunde Mittagspause will geschnippelt, gekocht und (in Ruhe) gegessen werden. Optimal wäre es natürlich, wenn es auch noch (der ganzen Familie) schmeckt, satt macht und uns nicht direkt ins Essenskoma befördert.

Schnelle Rezepte sind gefragt. Ich bin sowieso ein Fan von Rezepten mit wenigen Zutaten, die viel Genuss in kurzer Zeit versprechen. Denn obwohl ich gern koche und schneide, habe ich keine Lust stundenlang in der Küche zu stehen. Deswegen habe ich herumgetüftelt, Kochbücher gewälzt, Gerichte ausprobiert und abgeändert. Die besten Rezepte haben es in dieses Kochbuch geschafft. Die Vorbereitung dauert in der Regel nicht länger als 30 Minuten. Sie kommen außerdem mit wenigen Zutaten aus. Ich habe lange überlegt, ob Frühstücksrezepte in dieses Home-Office-Rezepte-Buch passen. Da das Frühstück aber schon die erste wichtige Entscheidung des Tages ist und uns im Idealfall mit ausreichend Energie versorgt, möchte ich euch meine Lieblingsfrühstücksideen nicht vorenthalten.

Die Gerichte gehen nicht nur schnell, sondern sie enthalten reichlich Nährstoffe. Denn nur, wenn alle essentiellen Nährstoffe gegessen und vom Darm aufgenommen werden,

- sind wir voller Energie,
- können wir gut denken und arbeiten,
- sind wir in ausgeglichener Stimmung
- und können uns um unsere Familie, Freunde und Hobbys kümmern.

Alle Rezepte sind glutenfrei!
Unsere übliche Ernährungweise ist sehr kohlenhydratlastig. Zahlreiche Menschen haben Probleme mit Gluten, vor allem aus dem Weizen. Lässt man die üblichen Getreidesorten weg, dann ist viel mehr Platz für nährstoffreiche Alternativen wie Gemüse.

Alle Rezepte sind zuckerfrei!
Die Rezepte sind ohne Haushaltszucker. Gesüßt wird vor allem mit Obst und wenig Honig.

Alle Rezepte sind kindergeeignet!
Sie sind ohne extra Zucker und außerdem verstecken sich Gemüse und Obst im Essen!

Alle Rezepte machen satt!
Denn sie enthalten reichlich gesunde Fette. Das schlechte Image des Fettes hält sich hartnäckig. Fakt ist: Fette sind lebensnotwendig. Unser Gehirn besteht zu 60% aus Fett. Sie sind Geschmacksträger, machen satt und liefern Ausgangsstoffe für Hormone und Neurotransmitter.

KAPITEL 02

Tipps & Tricks

Tipps & Tricks

Meal Prep
Da es unterschiedliche Ess- und Kochtypen gibt, sind nicht alle Tipps für jeden geeignet. Der eine entscheidet spontan, auf was es ihn gelüstet, der andere findet es extrem hilfreich sich an einem Essenswochenplan entlangzuhangeln. Welcher der folgenden Tipps zu euch und eurer Lebenssituation passt, müsst ihr einfach ausprobieren.

Früher sagte man Vorkochen dazu, wobei es Meal prep, also die Mahlzeitenvorbereitung besser trifft. Dazu gehört z.B. das Müsli für mehrere Tage vorzubereiten, eine Gemüsewürze herzustellen oder Linsen für diverse Gerichte vorzukochen. Hierzu gehört es aber auch, geschickt zu planen. Gibt es am Dienstag gekochte Kartoffeln, dann macht man einfach mehr und zaubert aus dem Rest am Mittwoch Bratkartoffeln. Ich bin ein Resteessen-Fan, es verschafft mir persönliche Glücksgefühle, wenn ich Reste mit Sachen aus dem Vorrat so kombiniere, dass es schmeckt. Es wird nichts weggeworfen und das Einkaufen spart man sich auch. Bei uns gibt es zeitweise so oft Reste, dass mein Mann schon gefragt hat: „Wer hat eigentlich das Original gegessen?“

Fazit: *Das Vorbereiten von Basics kostet natürlich Zeit, erleichtert aber enorm das tägliche Doing. So nutze ich meine Gemüsewürze für Kräuterquark, Salatdressings, zum Anbraten und natürlich auch als Gemüsebrühe. Ich freue mich nicht so sehr, wenn ich sie machen muss, aber ich freue mich immer, wenn ich sie aus dem Kühlschrank hole. Und das ist definitiv öfter.*

Tiefkühlprodukte
Wenn man wenig Zeit zum Kochen hat, sind bereits geputzte und vorbereitete Tiefkühlprodukte wie Gemüse, Obst, Fisch, Fleisch und Kräuter unschlagbar. Da das Gemüse und Obst direkt nach

der Ernte eingefroren wird, sind hier oft mehr Vitamine enthalten als in Gemüse, welches bereits seit 3 Tagen im Kühlschrank liegt. Die Auswahl ist riesig; so gibt es Blattspinat, Bohnen, Erbsen, Himbeeren, gemischte Beeren, Mangowürfel und Kräuter in der Tiefkühlversion. Ich bin ein Fan von TK-Kräutern. Diese kann man sich in allen möglichen Sorten in den Tiefkühlschrank legen und hat sommers wie winters immer was Gutes schnell zur Hand. Es gibt sogar fertig geschnittene Zwiebelwürfel, Mangowürfel und zerkleinerten Blumenkohl als „Low carb Reis".

Fazit: *Mit Tiefkühlprodukten muss man nicht oft einkaufen und kann schnell was zaubern, weil das zeitaufwändige Putzen und Schnippeln wegfällt!*

Essenspläne

Wer der Typ für Pläne ist, der kann mit einem Wochenplan sein (Koch-)Leben sehr erleichtern. Hier gibt es natürlich verschiedene Möglichkeiten. Man kann entweder für eine Woche jedes Gericht genau planen und kauft dann auf einmal alles ein. Für beides muss man sich natürlich einmal wöchentlich etwas Zeit nehmen. Steht der Plan und liegt alles eingekauft im Kühlschrank, dann muss nur noch gekocht werden. Zusammen mit den anderen Tipps dürfte das dann nicht so viel Zeit kosten.
Die zweite Möglichkeit ist es, sich einen „Masterplan" zu überlegen. Also, montags gibt es immer Suppe, am Mittwoch Ofengemüse und freitags Fisch. Hier ist man etwas flexibler. Muss sich dann aber im Nachgang überlegen: Welche Suppe koche ich?

Fazit: *Mit Essensplänen investiert man mehr Zeit in die Vorbereitung (idealerweise in einer ruhigen Minute) und spart im stressigen Alltag Zeit und Nerven.*

Bio-Kiste
Obwohl ich ein recht strukturierter Mensch bin (Statistikerin!), bin ich nicht der Typ für Essenspläne. Ich möchte mir am Sonntag noch keine Gedanken machen müssen, was ich am Freitag esse. Vielleicht steht auf meinem Plan für Donnerstag Suppe, dann hat es aber überraschend im Februar 20 Grad und ich bekomme unbändige Lust auf Salat. Ich bin eine „was-da-ist-Köchin" - und deshalb ein absoluter Fan von der Bio-Kiste.

Die Bio-Kiste wird einmal wöchentlich mit biologisch erzeugten Produkten nach Hause geliefert. Es gibt verschiedene Modelle. Man kann sich entweder die Kiste individuell zusammenstellen. Das wäre die geeignete Variante für die Essensplan-Familie. Oder man bucht z.B. immer die Gemüse- und Obstkiste für 3 Personen und bekommt das, was Saison hat und gerade da ist. Wir haben natürlich die letztere Version. Wenn was da ist, wird es also verarbeitet. Habe ich mal keine Idee, dann nutze ich die wunderbare Welt des Internets und werde immer fündig.

***Fazit:** Die Bio-Kiste ist sowohl für Planer als auch Spontanesser gut geeignet. Man bekommt gute Qualität und spart sich außerdem das Einkaufen.*

KAPITEL
03

Frühstück

Energie-Müsli

Das Müsli aus Samen und Nüssen sättigt für Stunden und liefert uns reichlich Energie. Werden die Kerne und Samen geröstet, schmecken sie wesentlich aromatischer. Am einfachsten ist es, wenn man gleich mehrere Portionen vorbereitet und in einem luftdichten Behälter aufbewahrt. Ist es draußen kalt oder möchte man einfach lieber etwas Warmes frühstücken, dann kann man das Müsli mit warmem Wasser anrühren. Dazu in ca. 150 ml heißem Wasser etwas Kokosöl hineingeben bis es schmilzt. Dann gibt man das Müsli dazu und richtet es mit Obst und etwas flüssiger Sahne an.

Zutaten für 10 Portionen:

100 g Kokoschips
100 g Mandelblättchen
60 g Leinsamen
20 g Chiasamen
100 g Kürbiskerne
100 g Sonnenblumenkerne
30 g Sesam

Zubereitung:

Alle Zutaten, außer Chia- und Leinsamen, in einer Pfanne ohne Fett anrösten. Nach dem Abkühlen alles gut vermischen und in ein luftdichtes Gefäß geben. Das Müsli kann nun portionsweise (ca. 50 g) entweder wie oben beschrieben oder ganz klassisch mit Joghurt oder (Kokos-) Milch und etwas Obst angemacht werden.

Nährwerte pro Portion:
23 g Fett
5 g Kohlenhydrate
11 g Eiweiß

Frühstück

Matcha-Porridge

Ich mag ausgefallenes Essen. Ist etwas knallig matcha-grün oder rote-bete-pink, bin ich hin und weg. Die grüne Farbe kommt vom japanischen Matcha-Grüntee. Das Porridge wird mit Kokosmilch zubereitet und ist vegan.

Zutaten für 2 Portionen:

50 g gemahlene Mandeln
50 g Feinblatt Haferflocken, glutenfrei
1 Birne
2 TL Matcha-Pulver
200 ml Kokosmilch
1 Prise Salz
1 EL Kokosöl
Pistazien

Zubereitung:

Die Birne wird gewaschen, geviertelt und von den Kernen befreit. In einem kleinen Topf wird das Kokosöl leicht erhitzt und die Birne hineingeraspelt. Sie wird etwas angedünstet. Haferflocken und gemahlene Mandeln dazugeben, kurz umrühren und mit Kokosmilch auffüllen. Ein paar Minuten rühren. Ist der Brei zu fest, dann kann noch etwas Kokosmilch oder Wasser dazugegeben werden. Kurz vor Ende wird das Matcha-Pulver untergerührt. Wir bleiben Ton in Ton und richten das Porridge mit Pistazien an.

Nährwerte pro Portion:
38 g Fett
24 g Kohlenhydrate
10 g Eiweiß

Frühstück

Kokosquark mit Papaya

Dieser Quark schmeckt gut und macht lange satt. Ein Vorteil ist auch, dass man ihn für mehrere Tage vorbereiten kann und am Morgen nur Papaya oder anderes Obst dazugibt.

Zutaten für 4 Portionen:

40 g Kokosöl
500 g Quark, 40%
300 g Joghurt, mind. 3,8%
40 g Leinsamen
30 g gemahlene Mandeln
10 g Kokosraspeln
2 EL Honig oder Apfeldicksaft
1 Prise Salz
Vanille, gemahlen
1 Papaya

Zubereitung:

Das Kokosöl im Topf leicht erhitzen bis es flüssig wird. Mit dem Schneebesen den Quark und den Joghurt unterrühren. Die Leinsamen, die gemahlenen Mandeln und die Kokosraspeln dazugeben und verrühren. Mit Honig, einer Prise Salz und etwas gemahlener Vanille abschmecken. In 4 Portionen teilen und mit dem Obst anrichten.

Nährwerte pro Portion:
32 g Fett
14 g Kohlenhydrate
17 g Eiweiß

Frühstück

03

Rote Bete-Porridge

Dieses Porridge ist ein typisches Winterfrühstück und bringt viel Farbe in den Tag. Es steckt voller guter Zutaten und schmeckt auch noch. Die Hauptzutaten Rote Bete, Haferflocken und Apfel liefern richtig viel Vitamine und Mineralstoffe. Darüber hinaus wirkt das im Hafer enthaltene Beta-Glucan positiv auf den Blutzucker- und Cholesterinspiegel. Wer zu Nierensteinen neigt, sollte sich bei Roter Bete etwas zurückhalten, da diese eine nicht unerhebliche Menge an Oxalsäure enthält.

Zutaten für 2–3 Portionen:

100 g Haferflocken, glutenfrei
2 EL Chiasamen
50 ml Sahne
1 mittlere Rote Bete, roh
1 mittlerer Apfel
1 Prise Salz
100 ml Cranberrysaft
150 g Joghurt
100 g (TK-) Beeren
3 EL (schwarzer) Sesam

Zubereitung:

Die geschälte Rote Bete und den entkernten Apfel grob raspeln. Zusammen mit den Haferflocken, den Chiasamen, dem Salz, der Sahne und einer Tasse Wasser in einem Topf verrühren und bei mittlerer Hitze ca. 3 min. kochen lassen. Dann den Cranberrysaft dazugeben und nochmal kurz aufkochen lassen. Das Porridge mit Joghurt, dem Sesam und den Beeren anrichten.

Nährwerte pro Portion:
13 g Fett
27 g Kohlenhydrate
7 g Eiweiß

Frühstück

KAPITEL
04

Salate

04

Gurke-Mango-Salat

Dieser Salat ist nicht nur mein Lieblingssalat, sondern auch der meiner Freunde. Steht ein Sommerfest oder ein gemeinsames Grillen an, werde ich fast immer gebeten, diesen Salat mitzubringen. Durch die Mango, den Ingwer und den Koriander bekommt der Salat einen asiatischen Touch. Mit den Erdnüssen eignet er sich auch zum Sattessen.

Zutaten für 3 Portionen:

1 Mango
1 Salatgurke
(TK-) Koriandergrün
100 g (ungesalzene) Erdnüsse

Für das Dressing:
3 EL Lein- oder Olivenöl
2 EL Limettensaft
1 kleine Knoblauchzehe
1 Stk. Ingwer
Chiliflocken
Salz, Pfeffer

Zubereitung:

Den Knoblauch pressen, den Ingwer fein reiben und beides mit Öl, Limettensaft und den Gewürzen mit einer Gabel gut verrühren. Die geschälte Mango und die Gurke in Würfel schneiden. Diese zum Dressing geben und unterrühren. Zum Schluss mit Koriander abschmecken, der mittlerweile auch im Tiefkühlregal zu finden ist. Und kurz vor dem Servieren die Erdnüsse drüberstreuen.

Nährwerte pro Portion:
26 g Fett
21 g Kohlenhydrate
10 g Eiweiß

Salate

Rote Bete-Apfel-Salat

Ein fruchtiger Salat, der sehr farbenfroh daher kommt. Mit Pekan- oder Walnüssen sättigt er gut. Joghurt und Kefir enthalten wertvolle Probiotika für den Darm. Leinöl liefert uns essentielle Omega-3 Fettsäuren und wirkt antientzündlich.

Zutaten für 3 Portionen:

1 Rote Bete, roh
1 Apfel
2 EL Leinöl (oder Olivenöl)
150 ml Naturjoghurt oder Kefir
Wal- oder Pekannüsse
etwas Zitronensaft
Salz, Pfeffer

Zubereitung:

Die rohe Rote Bete schälen, am besten mit Handschuhen, da sie stark färbt. Den Apfel waschen und mit einem Ausstecher Kerne und Stiel entfernen. Apfel und Rote Bete mit einer Raspel fein in eine Schüssel raspeln. Leinöl und Joghurt oder Kefir unterrühren. Mit Zitronensaft, Salz und Pfeffer abschmecken und mit den Nüssen servieren.

Nährwerte pro Portion:
17 g Fett
15 g Kohlenhydrate
5 g Eiweiß

Salate

04

Melonen-Feta-Salat

Ein erfrischender Salat, perfekt für hochsommerliches Wetter. Das Süße und Saftige der Melone kombiniert mit dem vollmundigen salzigen Geschmack des Fetas und abgerundet mit der Frische der Minze. Was braucht man mehr?

Zutaten für 3 Portionen:

½ (mittelgroße) Wassermelone
200 g Feta
4 EL Olivenöl
Salz, Pfeffer
frische Minze

Zubereitung:

Die Wassermelone von der Schale befreien und in nicht zu kleine Würfel schneiden. Den Feta aus der Packung einfach über die Melone krümeln und mit Olivenöl, Salz und Pfeffer abschmecken. Dann die frisch geschnittene Minze vorsichtig unterheben. Da der Salat schnell wässrig wird, wenn er länger steht, ist es am besten ihn erst kurz vor dem Essen zuzubereiten.

Nährwerte pro Portion:
20 g Fett
17 g Kohlenhydrate
12 g Eiweiß

Salate

04

Sauerkraut-Dattel-Salat

Frisches Sauerkraut ist ein fermentiertes Lebensmittel und sehr gut für unseren Darm. Man kann sich aus ihm einen schnellen Salat machen. Die Säure wird durch die Süße aus den Datteln abgemildert. Beides wird mit etwas Olivenöl und Pfeffer abgeschmeckt. Sehr gut schmeckt statt der Datteln auch eine geraspelte Birne. Das Sauerkraut auf dem Foto ist selber fermentiert und bekommt seine gelbe Farbe vom Kurkuma. Ich nenne es auch liebevoll „Goldenes Kraut“.

Zutaten für 2 Portionen:

250 g frisches Sauerkraut
2 – 3 Datteln (oder eine Birne)
2 EL Olivenöl
Pfeffer

Zubereitung:

Die Datteln in kleine Stücke schneiden. Zusammen mit dem Sauerkraut verrühren, Olivenöl dazugeben und mit Pfeffer abschmecken.

Nährwerte pro Portion:
6 g Fett
5 g Kohlenhydrate
2 g Eiweiß

Salate

04

Fenchel-Apfel-Salat

Frisch, fruchtig und schnell. Ein Salat perfekt als Begleiter fürs Mittagessen im Home-Office. Mit diesem Salat lassen sich auch Fenchel-Skeptiker überzeugen.

Zutaten für 2–3 Portionen:

1 Fenchelknolle
1 Apfel
Zitronensaft
2 EL Lein- oder Olivenöl
Salz, Pfeffer

Zubereitung:

Die Fenchelknolle waschen und mit dem Sparschäler die äußere Haut schälen, der Länge nach vierteln und den Strunk herausschneiden. Die Viertel in feine Streifen schneiden. Das Fenchelgrün kann kleingeschnitten mit in den Salat gegeben werden. Den Apfel waschen, entkernen und achteln. Die Stücke in feine Apfelscheiben schneiden. Den Salat mit etwas Zitronensaft, dem Öl, Salz und Pfeffer abschmecken.

Nährwerte pro Portion:
4 g Fett
8 g Kohlenhydrate
2 g Eiweiß

Salate

04

Radicchio-Orangen-Salat

Ein wahrlich farbenfroher Wintersalat. Der leuchtendrote und etwas bittere Radicchio harmoniert wunderbar mit der Süße der Orangen, dem salzigen Pecorino, der Schärfe aus der Chili und dem Geschmack der Zwiebel.

Zutaten für 4 Portionen:

1 kleiner Kopf Radicchio
2 große Orangen
1 rote Zwiebel
Ghee zum Anbraten
2 EL grüne, entsteinte Oliven
100 g Pecorino
Salz, Pfeffer
Olivenöl
Chiliflocken

Zubereitung:

Die geschälte Zwiebel in feine Ringe schneiden. In einer kleinen Pfanne etwas Ghee erhitzen und die Zwiebelringe ca. 3 min. auf kleiner Hitze dünsten. Den gewaschenen Radicchio auf vier Teller anrichten. Die Orange mit einem Messer so schälen, dass auch die weiße Haut entfernt wird, in Scheiben schneiden und auf die Radicchioblätter legen. Darauf die gedünsteten Zwiebelringe, die Oliven und den geraspelten Pecorino geben. Etwas Olivenöl drüberträufeln und mit Salz, Pfeffer und Chiliflocken abschmecken.

Nährwerte pro Portion:
17 g Fett
9 g Kohlenhydrate
6 g Eiweiß

Salate

KAPITEL
05

Herzhaft & kalt

05

Papaya mit Mozzarella

Statt des Klassikers Tomate mit Mozzarella gibt es hier eine ungewöhnliche Kombination aus Papaya mit Mozzarella. Die Papayakerne können übrigens gegessen werden, entweder frisch oder getrocknet. Die getrockneten Kerne können wie Pfefferkörner gemahlen werden. Sie schmecken leicht scharf und wirken ausgleichend auf das Immunsystem.

Zutaten für 4 Portionen:

1 Papaya
3 Mozzarella
Olivenöl
Balsamicoessig
Salz
grüner eingelegter Pfeffer
rosa Pfefferbeeren
schwarzer Pfeffer

Zubereitung:

Die Papaya halbieren, schälen und die Kerne entfernen. Die Kerne können aufgehoben und zur Papaya mit Feta gegessen werden. Oder sie ergänzen das Pfeffertrio. Die Papaya und die Mozzarellastücke werden in Scheiben geschnitten. Diese werden abwechselnd auf vier großen Tellern angerichtet und mit Öl, Essig und den Gewürzen angerichtet. Die rosa Pfefferbeeren gehören botanisch nicht zum echten Pfeffer.

Nährwerte pro Portion:
22 g Fett
6 g Kohlenhydrate
17 g Eiweiß

Herzhaft & kalt

05

Rote Bete Gazpacho

Angelehnt an die klassische Gazpacho wird die rohe Rote Bete mit dem restlichen Gemüse gemixt und zusammen mit dem Brennnessel-Pesto zu einer farbenfrohen kalten Suppe angerichtet. Perfekt für heiße Sommertage.

Zutaten für 4 Portionen:

1 Rote Bete, roh
1 Salatgurke
1 rote Paprika
1 Knoblauchzehe
1 Zwiebel
30 ml Olivenöl
1 EL Apfelessig
1 Bio-Zitrone (Schale und Saft)
Salz, Pfeffer, Chili

Für das Topping:
Frische Brennnesselblätter
50 ml Olivenöl

Zubereitung:

Die Rote Bete wird (am besten mit Handschuhen) geschält und in Stücke geschnitten. Die geschälte Zwiebel klein schneiden. Gurke und Paprika würfeln. Alles zusammen mit der geschälten Knoblauchzehe in einen Mixer geben oder einen Pürierstab benutzen. Nun noch Öl, Essig, Zitronensaft und abgeriebene Schale dazugeben und alles zerkleinern. Die kalte Suppe mit den Gewürzen abschmecken. Die gewaschenen Brennnesselblätter mit Olivenöl ebenfalls im Mixer zerkleinern, bis sich eine grüne Sauce ergibt. Beides zusammen anrichten!

Nährwerte pro Portion:
16 g Fett
10 g Kohlenhydrate
3 g Eiweiß

Herzhaft & kalt

Low carb Wrap

Diese Wraps gehen ratzfatz und können nach Bedarf gefüllt werden. Diese hier sind vegetarisch, Schinken oder Sardellen sind natürlich auch möglich. Auch zum Mitnehmen sind sie gut geeignet.

Zutaten für 4 Portionen:

3 Eier
25 ml Olivenöl
125 g Mozzarella
3 EL Kokosöl, geschmolzen
¼ TL Salz
15 g Flohsamenschalen
Kräuter nach Geschmack

Füllung nach Belieben:
100 g Frischkäse
Rucola oder anderer Salat
Tomaten
Salz, Pfeffer
Paprikapulver

Zubereitung:

Den Backofen auf 175°C Umluft vorheizen. Eier und Olivenöl in ein hohes Gefäß geben, den Mozzarella dazu krümeln. Alles mit einem Pürierstab fein mixen. Mit den Gewürzen und Kräutern abschmecken. Die Flohsamenschalen rasch einrühren und die Masse auf ein mit Backpapier belegtem Blech gießen. Sehr dünn verteilen. In den Backofen geben und nach ca. 4 min. in den gewölbten Teig mit einer Gabel Löcher reinstechen. Insgesamt 8 min. backen. Anschließend in 2 Teile schneiden und auf einem Gitter abkühlen lassen. Mit dem gewünschten Belag belegen und aufrollen. In der Mitte nochmal schräg halbschneiden.

Nährwerte pro Portion:
30 g Fett
2 g Kohlenhydrate
15 g Eiweiß

Herzhaft & kalt

05

Rote Bete Carpaccio

Das Rote Bete Carpaccio ist eine Abwandlung vom „Handkäs mit Musik“. Alternativ zur Roten Bete kann man auch einen Rettich als Grundlage verwenden. Dann ist das Ganze nicht so farbenfroh, aber auch sehr lecker.

Zutaten für 4 Portionen:

1 Rote Bete, roh
1 weiße Zwiebel
1 Bauernkäse, Harzer Roller
Apfelessig
Olivenöl
Salz, Pfeffer

Zubereitung:

Die rohe Rote Bete schälen, am besten mit Handschuhen, da sie stark färbt. Die Rote Bete in feine Scheiben hobeln. Die Zwiebel schälen und in feine Ringe schneiden. Die Rote Bete Scheiben auf vier Teller verteilen. Dann den in Scheiben geschnittenen Bauernkäse darauf und abschließend die Zwiebelringe. Mit Öl, Essig, Pfeffer und Salz abschmecken.

Nährwerte pro Portion:
5 g Fett
2 g Kohlenhydrate
14 g Eiweiß

Herzhaft & kalt

Papaya Carpaccio mit Feta

Das hier ist eine weitere deftige Kombination mit Papaya. Die Würze kommt aus den Papayakernen, die voller wertvoller Inhaltsstoffe sind.

Zutaten für 4 Portionen:

1 Papaya
200 g Feta
Olivenöl
Salz, Pfeffer
Papayakerne

Zubereitung:

Die Papaya wird halbiert und die Kerne mit einem kleinen Löffel aus der Papaya in eine kleine Schüssel gekratzt. Die Hälften werden mit einem kleinen Messer oder mit dem Sparschäler geschält. Die Papaya in feine Scheiben schneiden und wie ein Carpaccio auf vier große Teller verteilen. Auf die Scheiben wird der Feta gekrümelt, darüber Olivenöl geträufelt und die Papayakerne verteilt. Mit Salz und Pfeffer bestreuen. Dazu passen die Rosmarin-Cracker sehr gut.

Nährwerte pro Portion:
13 g Fett
6 g Kohlenhydrate
9 g Eiweiß

Herzhaft & kalt

KAPITEL 06

Suppen

KicherErbsen-Kokossuppe

Diese Suppe ist eines meiner Lieblingsrezepte! Sie ist wirklich ganz einfach gemacht und schmeckt sehr fein. Die leichte Süße der Erbsen und der Kokosmilch begeistert bestimmt auch das ein oder andere Kind.

Zutaten für 4 Portionen:

400 ml Kokosmilch, Dose
220 g Kichererbsen,
Glas oder Dose
250 g TK-Erbsen
250 ml Gemüsebrühe
4 Frühlingszwiebeln
Salz, Pfeffer
Kurkuma
(optional) Kreuzkümmel,
Koriander, Chiliflocken

Zubereitung:

Die Tiefkühl-Erbsen zusammen mit der Kokosmilch in einen Topf geben und 3 min. köcheln lassen. Zwischenzeitlich die gewaschenen Frühlingszwiebeln in Ringe schneiden. Nach den 3 min. die Kichererbsen und die Gemüsebrühe dazugeben und nochmal 5 min. köcheln lassen. Kurz vor Ende der Garzeit ¾ der Frühlingszwiebelringe zur Suppe geben. Mit Salz, Pfeffer und Kurkuma abschmecken. Eventuell noch mit Kreuzkümmel, Koriander und Chili würzen. Mit den restlichen Frühlingszwiebeln garnieren und servieren.

Nährwerte pro Portion:
23 g Fett
24 g Kohlenhydrate
13 g Eiweiß

Suppen

Karotten-Birnen-Suppe

Eine farbenfrohe Suppe verfeinert mit Ingwer, Birnen und Kürbiskernöl. Perfekt für kalte Tage! Hier kann man Zeit sparen, wenn man fertig gekaufte TK-Karotten- und Zwiebelstücke verwendet. Auch das Chichi mit der Birne kann man sich natürlich sparen.

Zutaten für 4 Portionen:

800 g Karotten
2 Zwiebeln
3 Birnen
Ingwer, frisch, ca. 5 cm lang
Kokosöl zum Braten
300 ml Kokosmilch
800 ml Gemüsebrühe
Kürbiskernöl
2 EL Kürbiskerne
Limetten- oder Zitronensaft
Salz, Pfeffer
Paprikapulver
Kurkuma, Chili

Zubereitung:

Zwiebeln und Karotten schälen und in Stücke schneiden. Birnen waschen und etwa ein Viertel zur Dekoration aufheben. Die Birnen entkernen und klein schneiden. Ingwer raspeln. Die Zwiebelwürfel im Kokosöl bei mittlerer Hitze anbraten. Karotten, Birnen und Ingwer zugeben. Mit Gemüsebrühe aufgießen und bei kleiner Hitze ca. 20 min. weichkochen. Die Kokosmilch dazugeben, kurz aufkochen lassen und mit dem Stabmixer fein pürieren. Mit den restlichen Gewürzen abschmecken. Birne dünsten, Kerne rösten und mit dem Öl anrichten.

Nährwerte pro Portion:
15 g Fett
10 g Kohlenhydrate
2 g Eiweiß

Suppen

06

Grüne Bohnensuppe

Ein Klassiker, der sehr schnell geht, wenn man grüne Bohnen aus dem Tiefkühlregal verwendet. Wer mag, kocht die Bohnen in Fleischbrühe.

Zutaten für 4 Portionen:

750 g Brechbohnen oder Prinzessbohnen, TK
1 große Zwiebel
Ghee oder Kokosöl zum Anbraten
3 Kartoffeln
Salz, Pfeffer
Paprikapulver
Bohnenkraut
Gemüsewürze

Zubereitung:

Zwiebel schälen und in kleine Würfel schneiden. Die Zwiebelwürfel in einem großen Topf mit etwas Ghee oder Kokosöl anbraten. Die Bohnen und so viel Wasser dazu, dass die Bohnen bedeckt sind. Wenn das Wasser kocht, Gemüsewürze, Salz und Bohnenkraut hineingeben. Anschließend die Kartoffeln schälen und in Würfel schneiden. Die Kartoffelwürfel zu den Bohnen geben und so lange kochen bis die Bohnen und die Kartoffelstückchen weich sind. Das dauert etwa 15 min. Anschließend mit Pfeffer, Paprika und Salz abschmecken.

Nährwerte pro Portion:
3 g Fett
18 g Kohlenhydrate
7 g Eiweiß

Suppen

KAPITEL
07

Herzhaft & warm

Süßkartoffeln & Ziegenkäse

Obwohl die Süßkartoffel der Kartoffel ähnelt und auch so heißt, gehört sie nicht zu den Kartoffeln. Sie ist ein Nährstoffwunder, neben reichlich Ballaststoffen, sekundären Pflanzenstoffen und Vitaminen wie Vitamin E und C enthält sie auch Mineralstoffe wie Kalium. Man kann sie, im Gegensatz zur Kartoffel, auch roh essen.

Zutaten für 4 Portionen:

4 große Süßkartoffeln
2 Ziegenkäserollen á 200 g
Olivenöl
Salz, Pfeffer
Paprikapulver
Salbei, frisch

Zubereitung:

Süßkartoffeln waschen oder schälen, in Scheiben schneiden. Den Salbei waschen und etwas zerkleinern. Die Süßkartoffelscheiben in einer Schüssel mit Salz, Pfeffer, Paprikapulver, Salbei und Olivenöl vermengen. Auf ein Blech mit Backpapier geben. Das Blech kommt bei 180°C Umluft für ca. 15 min in den Ofen. Zwischenzeitlich wird die Ziegenkäserolle in Scheiben geschnitten. Der Ziegenkäse kommt dann noch für 5 min. zu den Süßkartoffeln. Dazu passen Salate oder ein Blumenkohl-Hummus.

Nährwerte pro Portion:
30 g Fett
25 g Kohlenhydrate
20 g Eiweiß

Herzhaft & warm

Blumenkohlpüree mit Pilzen

Ein einfaches, aber schnelles Rezept. Statt Champignons passen auch Austernpilze oder Bratwürstchen sehr gut dazu.

Zutaten für 4 Portionen:

1 mittlerer Blumenkohl
200 g Schmand
1 EL Flohsamenschalen
500 g Champignons
2 Zwiebeln
Ghee oder Kokosöl
Petersilie
Muskat
Kurkuma
Paprikapulver
Salz, Pfeffer

Zubereitung:

Blumenkohl waschen und zerteilen, die Stücke in Salzwasser weich kochen. Die Champignons in Scheiben schneiden. Die geschälten Zwiebeln in Stücke schneiden. Petersilie waschen und hacken oder TK-Kräuter verwenden. Die Zwiebelwürfel in einer Pfanne in Ghee anbraten, die Champignonscheiben dazu und so lange braten bis sie weich sind. Abschmecken mit Salz, Pfeffer und Kurkuma. In der Zwischenzeit das Wasser vom Blumenkohl abgießen und mit einem Stampfer oder Pürierstab zu Püree verarbeiten. Mit Schmand verrühren, Flohsamenschalen unterrühren und mit Salz, Pfeffer, Paprika und Muskat abschmecken. Püree und Pilze mit Petersilie anrichten.

Nährwerte pro Portion:
17 g Fett
7 g Kohlenhydrate
8 g Eiweiß

Herzhaft & warm

07

Frittata

Die Frittata ist eine Art Omelett mit Gemüse. Sie kann aus allerlei Gemüsesorten zubereitet werden und eignet sich daher perfekt als Resteverwertung. Sie kann außerdem warm oder kalt gegessen werden.

Zutaten für 4 Portionen:

½ Blumenkohl
2 Zucchini
2 Knoblauchzehen
3 Karotten
2 Lauchstangen
Ghee oder Kokosöl zum Anbraten

4 Eier
Salz, Pfeffer
Majoran
TK-Petersilie
150 g (Kräuter-) Crème Fraîche
Sumach (optional)

Zubereitung:

Das Gemüse waschen, schälen und klein schneiden. Den Knoblauch schälen und pressen. Das Gemüse in einer feuerfesten Pfanne in Ghee anbraten und etwas weich dünsten lassen. Dafür etwas Wasser dazu gießen. Mit Salz, Pfeffer und Majoran würzen. Die Eier aufschlagen, verquirlen, mit Salz und Pfeffer würzen und über das weich gedünstete Gemüse gießen. Alles etwas verrühren, so dass die Eier das Gemüse gut bedecken. Die Pfanne kommt bei 180°C Umluft in den Ofen und bleibt dort für ca. 20 min. bis die Eier gestockt und leicht gebräunt sind. Mit Petersilie anrichten, mit Sumach bestreuen und Crème Fraîche servieren.

Nährwerte pro Portion:
19 g Fett
12 g Kohlenhydrate
13 g Eiweiß

Herzhaft & warm

07

Spinatnockerl mit Salbei

Diese Variante der Spinatnockerl kommt ganz ohne Mehl aus und wird im Backofen gebacken.

Zutaten für 20 Stück:

250 g frischer Spinat (oder TK)
1 Zwiebel
2 Knoblauchzehen
Ghee zum Anbraten
250 g Ricotta
70 g Parmesan (gerieben)
70 g Parmesan (in Scheiben gehobelt)
1 Ei
1 EL gemahlene Mandeln
1 EL Flohsamenschalen
100 g Butter
15–20 frische Salbeiblätter
1 Prise Muskat
Salz, Pfeffer

Zubereitung:

Zwiebel und Knoblauch schälen und fein hacken. Beides in Ghee zusammen mit dem Spinat anbraten. Bei mittlerer Hitze dünsten bis er weich ist. Den Spinat etwas abkühlen lassen und mit einem Pürierstab zerkleinern. Spinat, Ei, Ricotta, geriebenen Parmesan, Mandeln, Flohsamenschalen und Ei in einer Schüssel gut verrühren. Mit Muskat, Salz und Pfeffer abschmecken. Mit einem Esslöffel Nockerl formen und auf ein Blech mit Backpapier setzen. Die Nockerl bei 180°C Umluft ca. 18 min. im Ofen fertig garen. In der Zwischenzeit die Salbeiblätter in der Butter anbraten. Die Nockerl mit der Salbeibutter und den Parmesanspänen anrichten.

Nährwerte pro Stück:
11 g Fett
2 g Kohlenhydrate
5 g Eiweiß

Herzhaft & warm

07

Auberginenpüree mit Fisch

Das Auberginenpüree ist mal ein etwas anderes Gemüsepüree. Es erinnert an das israelische Baba Ganoush. Zum Püree passt nicht nur Fisch aus dem Ofen sehr gut, sondern auch gebratene Pilze oder Fleisch.

Zutaten für 2 Portionen:

1 große Aubergine
ca. 100 ml Gemüsebrühe
30 g Butter
20 g geriebenen Parmesan
Ghee zum Braten
Salz, Pfeffer
Kurkuma, Kreuzkümmel
Muskat
4 Forellenfilets, TK
2 EL Olivenöl
Petersilie oder Dill, TK
1 Zitrone, in Scheiben

Zubereitung:

Die Aubergine waschen und in kleine Würfel schneiden. In Ghee (Butterschmalz) kurz anbraten und mit der Gemüsebrühe ablöschen. Alles etwa 15 min. köcheln lassen, bis die Aubergine weich ist. Zwischenzeitlich die gefrorenen Fischfilets kurz unter kaltem Wasser abspülen und in eine mit Olivenöl ausgepinselte Auflaufform legen. Den Fisch bei 180°C Umluft ca. 20 min. im Ofen garen. Die Auberginenwürfel mit dem Pürierstab pürieren und Butter und Parmesan unterrühren. Mit den Gewürzen abschmecken. Den gegarten Fisch mit Salz und Pfeffer würzen und zusammen mit den Kräutern, den Zitronenscheiben und dem Püree anrichten.

Nährwerte pro Portion:
20 g Fett
5 g Kohlenhydrate
30 g Eiweiß

Herzhaft & warm

Steckrüben-Spaghetti

Die Steckrübe und ich; wir kennen uns noch nicht so lange. Ich muss sie auch nicht täglich essen, aber in Form von Gemüsespaghetti und zusammen mit der süßlichen Maronensauce finde ich sie recht gelungen.

Zutaten für 4 Portionen:

2 Steckrüben
Ghee oder Kokosöl
1 Knoblauchzehe
Gemüsewürze
200 g Maronen, vorgekocht
200 g Sahne
200 ml Wasser
Salz, Pfeffer
Chili
Salbei

Zubereitung:

Die Steckrüben schälen und mit einem Spiralschneider in Spiralen oder mit einem Gemüsehobel in Streifen schneiden. Den Knoblauch schälen und in kleine Stückchen zerdrücken. Den Knoblauch in Ghee anbraten, die Steckrübenstreifen hinzugeben und ein paar Minuten andünsten. Mit Gemüsewürze abschmecken. Die Gemüsespaghetti sollten noch etwas Biss haben. Zwischenzeitlich die Maronen in dem Sahne-Wasser-Gemisch nach Anleitung weich kochen und mit einem Pürierstab pürieren. Mit Salz und Chili abschmecken. Mit Salbei servieren.

Nährwerte pro Portion:
9 g Fett
6 g Kohlenhydrate
4 g Eiweiß

Herzhaft & warm

07

Karottenpüree & Hack

Die Hackfleischbällchen brutzeln im Ofen vor sich hin. Es entfällt das Anbraten, welches gern mal die Küche verräuchert. Und man hat die Hände frei, um das Püree vorzubereiten. Schmeckt auch Kindern!

Zutaten für 2 Portionen:

400 g Karotten
30 g Butter
1 Zwiebel
Ghee zum Anbraten
250 g Bio-Rinderhackfleisch
1 EL Tomatenmark
1 TL Flohsamenschalen
1 TL Senf
1 Ei
Salz, Pfeffer
Paprikapulver
Thymian
Petersilie

Zubereitung:

Das Hack mit Ei, Senf und Tomatenmark vermengen. Mit Salz, Pfeffer, Paprika würzen. Die Flohsamenschalen unterkneten. Aus der Hackmasse kleine Bällchen formen und auf ein Blech mit Backpapier setzen. Bei 180°C Umluft ca. 25 min. garen bis sie leicht gebräunt sind. Für das Püree die Karotten schälen und in Stücke schneiden, in Salzwasser weich kochen. Das Wasser abgießen, die Karotten stampfen oder mit einem Pürierstab pürieren. Die Butter dazu und mit Salz, Pfeffer und Thymian abschmecken. Zwiebel schälen, in halbe Ringe schneiden und in Ghee anbraten. Das Püree mit Bällchen, Zwiebel und Petersilie servieren!

Nährwerte pro Portion:
38 g Fett
14 g Kohlenhydrate
25 g Eiweiß

Herzhaft & warm

07

Sahniger Fenchel mit Lachs

Dieses Rezept ist schon länger eines meiner Ich-mach-mir-schnell-was-zum-Mittagessen-Favoriten, da es ruckzuck geht und durch den Räucherlachs einen feinen Geschmack bekommt. Lustig ist, dass ich früher Fenchel weder als Gemüse noch als Tee mochte. Mittlerweile finde ich ihn echt lecker. Der Fenchel kann aber auch gut durch andere Gemüsesorten ersetzt werden. Hierfür eignen sich z.B. Pak Choi und Mangold.

Zutaten für 2 Portionen:

3 - 4 frische Fenchelknollen
1 Zwiebel
200 g Schmand
100 g Räucherlachs
Gemüsebrühe
Ghee oder Kokosöl zum Anbraten
Dill
Zitronensaft

Zubereitung:

Den Fenchel der Länge nach halbieren, den Strunk herausschneiden, nochmals der Länge nach halbieren und in feine Scheiben schneiden. Das Fenchelgrün kann auch verwendet werden. Die Zwiebel in Würfel schneiden. Beides in Ghee oder Kokosöl anbraten. Mit Gemüsebrühe ablöschen und weich dünsten. Kurz vor Ende den Schmand, Dill und Zitronensaft dazugeben. Vor dem Servieren wird der in Streifen geschnittene Räucherlachs auf dem Gemüse verteilt.

Nährwerte pro Portion:
25 g Fett
8 g Kohlenhydrate
16 g Eiweiß

Herzhaft & warm

07

Kohlrabisticks mit Dip

Eine andere Art von Pommes. Die Kohlrabisticks werden zwar nicht so knusprig, schmecken aber zusammen mit dem Sesam und dem Dip sehr gut.

Zutaten für 2 Portionen:

1 großer Kohlrabi
1 EL Kokosöl
2 TL Tahin (Sesammus)
1 EL Sesamkörner
Salz

Mandeldip:
80 g Mandeln, gemahlen
1 TL Honig
1 EL Apfelessig
3 EL Olivenöl
1 Knoblauchzehe
Salz, Pfeffer

Zubereitung:

Den Kohlrabi schälen und in Stifte schneiden (ca. 1 cm Durchmesser). Das geschmolzene Kokosöl mit dem Tahin, dem Salz und den Sesamkörnern vermischen. Alles auf ein mit Backpapier ausgelegtem Blech verteilen. Im Ofen bei 180°C Umluft etwa 20 min. weich garen.
Für den Dip: Die gemahlenen Mandeln in einer Pfanne ohne Fett rösten. Vorsicht: brennt leicht an! Mit 150 ml Wasser ablöschen, mit Essig, Honig und Öl vermischen. Den gepressten Knoblauch dazugeben und mit Salz und Pfeffer abschmecken.

Nährwerte pro Portion:
39 g Fett
11 g Kohlenhydrate
19 g Eiweiß

07

Herzhaft & warm

KAPITEL 08

Basics, Dips, Brot

Gemüsewürze

Das Rezept zählt ganz klar zu den Basics. Es beeindruckt nicht durch seine Schönheit, sondern erleichtert die alltägliche Essenszubereitung enorm. Das Gemüse bleibt roh und wird mit Salz haltbar gemacht. Ich verwende die Gemüsewürze beim Braten, in Dressings, beim Kochen... Also eigentlich überall dort, wo man gern eine Gemüsebrühe verwendet. Wer eine Alternative zur gekauften Brühe sucht, wird hier fündig.

Zutaten für mehrere Gläser:

400 g Lauch
300 g Karotten
300 g Knollensellerie
200 g Petersilienwurzel
mehrere Stängel Petersilie
mehrere Zehen Knoblauch
200 g Salz

Zubereitung:

Das gewaschene und geputzte Gemüse wird am einfachsten in einem Standmixer zerkleinert. Die Konsistenz ist richtig, wenn sie fast mus-artig ist. Falls kein Standmixer zur Hand ist, kann auch ein Pürierstab zum Zerkleinern benutzt werden. Das dauert aber etwas länger. Das fertig zerkleinerte Gemüse wird nun noch mit dem Salz gut vermengt und in saubere Einmachgläser gefüllt. Diese halten sich im Kühlschrank mehrere Wochen. Auf ein Kilo Gemüse sollte 150 g Salz kommen.

Ohne Nährwertangabe,
da nur kleine Mengen
verwendet werden!

Basics, Dips, Brot

Körniges Knäckebrot

Das körnige Knäckebrot erinnert vom Aussehen und der Konsistenz her an Knäckebrot, schmeckt aber wesentlich aromatischer. Es besteht nur aus Samen, Körnern und Wasser. Zusammengehalten wird der Teig von den Schleimstoffen der Leinsamen. Dieser verschwindet beim Backen und zurück bleibt ein knuspriges und glutenfreies Brot.

Zutaten für 1,5 Bleche:

175 g Körnermischung (Salatmischung aus Sonnen-, Kürbis- und Pinienkernen)
40 g Sesamsamen
120 g geschrotete Leinsamen
300 ml heißes Wasser
1 TL Salz
getrocknete Gewürze nach Geschmack
2 TL Schwarzkümmel (optional)

Zubereitung:

Alles in eine Schüssel geben. Mischung eine halbe Stunde quellen lassen. Backbleche mit Backpapier auslegen und die Masse darauf dünn verteilen. Nun die ausgestrichene Masse 60 min. bei 140°C Umluft backen. Sobald die Masse eine ledrige Konsistenz hat, das Blech aus dem Ofen nehmen und mit einer Schere Scheiben zuschneiden. Das Papier bleibt dabei noch an der Masse haften. Die so zugeschnittenen Scheiben wieder auf das Backblech geben und 30 min. bei 90°C trocknen lassen. Luftdicht aufbewahren!

Nährwerte pro Blech:
76 g Fett
22 g Kohlenhydrate
25 g Eiweiß

Basics, Dips, Brot

Rosmarin-Cracker

Die Cracker können gut vorbereitet werden und schmecken zwischendurch als Snack mit Dip wie Blumenkohl-Hummus. Die Mandeln versorgen uns mit guten Fettsäuren, Ballaststoffen, wichtigen Mineralien wie Magnesium, Kalzium und Kupfer und B- und E-Vitaminen. Die Trockenfrüchte liefern uns zusätzlich noch reichlich Kalium.

Zutaten für 4 Portionen:

250 g gemahlene Mandeln
40 g Trockenfrüchte nach Wahl
(Feigen, Aprikosen, Sauerkirschen)
1 EL Rosmarinnadeln
1 Ei
1 EL Olivenöl
1 TL Salz

Zubereitung:

Die Trockenfrüchte und den Rosmarin klein hacken und zusammen mit allen restlichen Zutaten zu einem Teig verkneten. Den Teig zwischen zwei Backpapierblätter mit einem Nudelholz dünn ausrollen. Das obere Backpapier entfernen und die Teigplatte in ca. 20 Rechtecke schneiden. Im Ofen bei 180°C Umluft ca. 20 min. backen bis sie leicht gebräunt sind.

Nährwerte pro Portion:
40 g Fett
16 g Kohlenhydrate
15 g Eiweiß

Basics, Dips, Brot

08

Blumenkohl-Hummus

Diese Hummus-Variante habe ich schon Freunden als klassisches Hummus vorgesetzt. Es hat keiner gemerkt, dass der Blumenkohl die Kichererbsen ersetzt hat. Ein klarer Fall von Gemüseversteck.

Zutaten für 4 Portionen:

1 kleiner Blumenkohl
1 EL Salz
3 EL Tahin (Sesammus)
4 EL Olivenöl
Salz, Pfeffer
Saft von einer Zitrone
1 Knoblauchzehe
Kurkuma
Kreuzkümmel
Paprika

Zubereitung:

Den Blumenkohl waschen und in kleine Röschen zerteilen. Zwischenzeitlich ca. 1 Liter Wasser zum Kochen bringen. Die Röschen und 1 EL Salz in das kochende Wasser geben. Einige Minuten weich kochen. Das Wasser abgießen und den Blumenkohl etwas abkühlen lassen. Die Knoblauchzehe schälen, die Zitrone auspressen. Alle Zutaten in einem Standmixer oder mit dem Pürierstab zu einer feinen Masse mixen. Mit den Gewürzen abschmecken! Passt gut zu den Rosmarin-Crackern.

Nährwerte pro Portion:
9 g Fett
3 g Kohlenhydrate
3 g Eiweiß

Basics, Dips, Brot

Buchweizen-Naans

Auf der Suche nach einem schnellen Fladenbrot bin ich auf dieses gestoßen. Die Naans werden in der Pfanne gebraten und sind deshalb ruckzuck fertig. Gut dazu passen ein Brokkoli-Erbsen-Dip, Knoblauchbutter oder Hummus. Mit Gewürzen wie etwa Schwarzkümmel kann das Brot geschmacklich noch variiert werden.

Zutaten für 8 kleine Naans:

200 g Naturjoghurt
200 g Buchweizenmehl
1 TL Backpulver
½ TL Salz
¼ TL schwarzer Pfeffer
Schwarzkümmel (optional)

Zubereitung:

Alle Zutaten in eine große Schüssel geben und erst mit einem Löffel, dann mit der Hand zu einem glatten Teig verarbeiten. 3 min. auf einer bemehlten Arbeitsfläche kneten. Dann zu einem ca. 4 cm dicken Strang rollen und in acht gleich große Stücke schneiden. Diese zu Kugeln formen und anschließend zu Fladen ausziehen oder -rollen. Die Fladen in einer heißen Pfanne nacheinander 2 min. von jeder Seite backen bis sie gebräunt und aufgegangen sind. Die Naan-Brote schmecken am besten, wenn sie warm sind. Sie lassen sich aber auch gut einfrieren und im Toaster auftauen.

Nährwerte pro Naan:
2 g Fett
18 g Kohlenhydrate
5 g Eiweiß

Basics, Dips, Brot

Brokkoli-Erbsen-Dip

Dieser Dip ist ein gutes Versteck für Gemüse und schmeckt sehr gut zu den Buchweizen-Naans.

Zutaten für 4 Portionen:

200 g Brokkoli
150 g TK-Erbsen
150 g Feta
1 Knoblauchzehe
2 EL Olivenöl
1 EL Zitronensaft
eine kleine Handvoll Minzeblätter
Salz
Pfeffer

Zubereitung:

Den in kleine Röschen geteilten Brokkoli mit etwas Wasser und dem geschälten Knoblauch in einem kleinen Topf mit Deckel bei mittlerer Hitze 4 min. knackig dünsten. Die Erbsen zugeben und 1 min. weiterkochen. Den Topf vom Herd nehmen und das Wasser abgießen. Das Gemüse in einen Mixer geben. Olivenöl, Feta, Zitronensaft und einen Großteil der Minzeblätter dazugeben. Alle Zutaten glatt mixen und mit Salz und Pfeffer und gegebenenfalls noch mit Zitronensaft abschmecken. Falls die Masse zu fest ist, noch etwas Wasser hinzufügen. In eine Schale füllen und mit Olivenöl und Minze garnieren.

Nährwerte pro Portion:
18 g Fett
4 g Kohlenhydrate
10 g Eiweiß

08

Basics, Dips, Brot

KAPITEL
09

Desserts

09

Schokoladige Avocadocrème

Ein tolles Dessert ohne Zucker. Es ist schnell gemacht und punktet durch seine Cremigkeit. Wer es nicht so gehaltvoll mag, nimmt statt der Mascarpone einen Naturjoghurt, der neben Gutes für den Darm auch noch eine leichte Säure liefert. Beides kann natürlich weggelassen werden, dann ist die Crème auch für Veganer geeignet. Wer kein Bananenfan ist, kann auch Apfelmus nehmen.

Zutaten für 4 Portionen:

1 Avocado
1 reife Banane
3 EL Kakaopulver
Vanille, gemahlen
100 g Mascarpone oder
Joghurt
Kakaonibs
(TK-) Beeren

Zubereitung:

Die Avocado schälen und den Kern entfernen. Mit der Banane im Mixer oder mit dem Pürierstab pürieren. Kakaopulver und Mascarpone dazu, mit Vanille abschmecken. Zum Servieren in Schälchen füllen und mit Johannisbeeren und Kakaonibs anrichten.

Nährwerte pro Portion:
17 g Fett
6 g Kohlenhydrate
3 g Eiweiß

Desserts

09

Mango-Crème

Zu diesem Dessert inspirierte mich unser indisches Lieblingsrestaurant. Dort gibt es eine sehr leckere Mango-Crème aufs Haus. Wenn man TK-Mango verwendet, geht die Crème noch schneller. Wer nicht so viel Fett verträgt oder wem die Sahne zu heftig ist, kann natürlich stattdessen Joghurt oder Quark verwenden.

Zutaten für 4 Portionen:

2 reife Mangos (oder 300 g TK-Mangostücke)
200 g Bio-Schlagsahne
Pistazien oder Beeren als Deko

Zubereitung:

Die Mangos schälen und das Fruchtfleisch vom Kern schneiden. Dieses mit dem Pürierstab zu Mus verarbeiten. Falls TK-Mangostücke genommen werden, diese etwas antauen lassen und ebenfalls pürieren. Die Sahne steif schlagen und unterheben. Mit Pistazien oder Beeren anrichten und servieren.

Nährwerte pro Portion:
8 g Fett
10 g Kohlenhydrate
1 g Eiweiß

Desserts

09

Schneller Kaiserschmarrn

Ein Kaiserschmarrn mit Mandeln und Kokosmehl und ganz schnell gezaubert. Der Kokosblütenzucker kann durch Honig ersetzt werden. Die Flohsamenschalen binden den Teig und liefern wertvolle Ballaststoffe.

Zutaten für 2 Portionen:

3 Eier
50 g Mascarpone
20 g Kokosmehl
20 g Mandeln, gemahlen
2 EL Kokosblütenzucker
(alternativ, 1 EL Honig)
1 gestrichener EL Flohsamenschalen
1 Prise Salz
Kokosöl zum Braten

Zubereitung:

Alle Zutaten mit einem Pürierstab verrühren, 5 min. stehen lassen, damit der Teig etwas andickt, anschließend den Teig in eine Pfanne mit heißem Kokosöl gießen, bräunen lassen und mit einem Holzlöffel in Stücke zerteilen. Diese wenden und von der anderen Seite leicht bräunen lassen. Dazu Apfelmus servieren. Dieses hier ist aus Zieräpfeln gemacht und hat eine schöne rote Farbe.

Nährwerte pro Portion:
14 g Fett
5 g Kohlenhydrate
7 g Eiweiß

Desserts

09

Papaya mit Mascarpone

Papaya aus dem Ofen mit Mascarpone und Beeren. Das Dessert kann warm und kalt gegessen werden.

Zutaten für 4 Portionen:

2 Papayas
200 g Mascarpone
1 Bio-Limette
2 TL Honig
(TK-) Beeren

Zubereitung:

Die Papaya halbieren, mit einem Löffel die Kerne herauskratzen. Diese können für deftige Gerichte verwendet werden. Die Hälften schälen. Die Limette gründlich waschen. Die Mascarpone mit der geriebenen Limettenschale, dem Limettensaft und dem Honig verrühren. Die Papayahälften in eine ofenfeste Form geben und bei 180°C Umluft ca. 20 min. im Ofen garen. Kurz vor Ende der Garzeit die Himbeeren auf die Papayahälften verteilen.

Nährwerte pro Portion:
21 g Fett
13 g Kohlenhydrate
3 g Eiweiß

Desserts

09

Banane mit Schoko

Dieses hier ist kein wirkliches Rezept. Aber Obst zusammen mit Schokolade ist einfach sehr lecker, geht schnell und ist auch für (große) Kinder sehr fein. Besonders gut eignen sich Bananen, Orangen, Birnen, Beeren und Äpfel.

Zutaten für 2 Portionen:

1 große Banane

20 g dunkle Schokolade (70% Kakaogehalt)

Zubereitung:

Die Banane schälen und die Schokolade im Wasserbad schmelzen. Obst mit Schokolade beträufeln oder dippen. Je dunkler die Schokolade, desto weniger Zucker und mehr gesunden Kakao enthält sie.

Nährwerte pro Portion:
5 g Fett
23 g Kohlenhydrate
2 g Eiweiß

Desserts

09

Apfel mit Mandelmus

Auch das ist kein wirkliches Rezept. Aber die Kombination Apfel mit Mandelmus ist sehr lecker als schnelle Nachspeise oder als Snack zwischendurch.

Zutaten für 2 Portionen:

2 Äpfel, am besten bio

40 g Mandelmus

Zubereitung:

Die Äpfel waschen und mit einem Kernausstecher das Kerngehäuse entfernen und in Scheiben schneiden. Die Scheiben mit Mandelmus bestreichen. Oder einfach den Apfel vierteln und die Stücke mit Mus bestreichen.

Nährwerte pro Portion:
12 g Fett
15 g Kohlenhydrate
5 g Eiweiß

Desserts

Rezepte & Zutaten

avocadooo ®
Ernährung – Beratung
www.avocadooo.de
Kontakt: hallo@avocadooo.de

Rezeptfotos: Elisabeth Fritsch
Portraitfotos: Kitty Fried

ISBN: 978-3-944716-55-8

Schillo Verlag
Orleansstr. 43
81667 München

www.schillo-verlag.de